El idioma de lo que no se dice.

Para todas las mujeres que habitan en mí.

Gracias por ser raíz, ruptura y renacimiento.
Por enseñarme que no hay una sola forma de ser,
y que en la confluencia de mis voces
habita mi libertad más profunda.
Soy todas ellas, y en su abrazo descubro mi sentido.
A ellas, TODO.

Prólogo.

Si alguien me preguntara de qué trata este libro,
no dudaría en responder: trata de ti.
No tú como pronombre, ni como costumbre.
Sino Tú —con mayúscula— como idea
constante, como prueba viva de que el alma
también sabe escribir.
Este libro no nació de la ficción ni de la técnica.
Nació de la mirada.
Y el género... es simplemente como te veo.
A veces, poesía.
A veces, cuento breve.
Y otras veces, ensayo.
Todo escrito en tu idioma:
ese que no se aprende, pero se siente.
Un idioma sin reglas, como cuando no estás
y, aun así, todo te nombra.
Un lenguaje sin nombre, como esos sentimientos
que nadie se atreve a decir en voz alta.

No tiene hojas, ni capítulos, ni punto final.
Porque tú eres la historia.
Tú eres la autora.
Y hasta los silencios llevan tu nombre.

Confieso que a veces me da miedo
que alguien más te lea sin entenderte.
Que te resuma.
Que te interprete mal.
Que te convierta en metáfora
cuando tú eres presencia.

No sé si cualquier alma lo entendería...
Pero si alguna vez has sentido que un instante
era irrepetible mientras ocurría,
entonces sabrás exactamente
de qué estoy hablando.

Porque antes de conocerte, ya te soñaba,

y ahora que estás aquí,

entiendo que siempre fuiste parte de mí.

Sueños.

En el silencio de la noche, el alma se libera de sus cadenas, abriendo ventanas al inconsciente, revelando deseos y miedos que, durante el día, duermen.
Se manifiestan verdades a través de una simbología velada y mensajes profundos. Es una libertad salvaje, sin límites ni fronteras que la retengan, viaja y explora realidades que trascienden la física y la lógica.

Mensajes del cosmos, del universo y del alma nos revelan una esencia oculta, semejante a una brújula secreta para la vida. Reflejan caminos por recorrer, destinos y propósitos ocultos que nos permiten alinearnos con la conciencia.

Actuando como un bálsamo para el ser, los sueños nos enfrentan a aquello que tememos ver. A través de ellos, cicatrizamos heridas y purificamos el alma.

Los sueños generan sinergias propias, donde florece la empatía entre los seres y el cosmos: una fuente inagotable de creatividad que revela nuestra autenticidad. Pequeños susurros del alma que nos invitan a explorar, a sentir y a comprender que, en el viaje de la vida, siempre hay algo más por descubrir.

Disfrutar.

La importancia de disfrutar los momentos
buenos. Incluso los pequeños, incluso esos que
duran lo que un respiro. Tal vez sea porque hubo
un tiempo en que no encontraba ninguno,
y ahora los atesoro como quien guarda un
brillante en el bolsillo.

Aprendí a valorar mis cicatrices.
No como medallas, sino como recordatorios.
Me recuerdan que he vivido, que me equivoqué,
que quise —a veces de más,
a veces de menos—, y que rompí corazones.
Incluido el mío. Pero también me enseñaron
que aprendí, que seguí y que todavía estoy aquí.

Y sí, valoro los pequeños detalles.
A veces me detengo a ver los atardeceres,
aunque no sean los más bonitos.
Me gusta conservar imágenes bellas en la retina,
como quien guarda trozos de paz para los días
más grises.

Sigo creyendo en el amor, aunque lo diga en voz
baja. Aunque a veces me revuelva y me canse por
completo.

No sé si lo que tengo es mucha o poca felicidad.
Pero es suficiente. Me alcanza. Y, a donde voy,
llevo a mi gente vitamina, como consejera o
convertida en risa.

Están conmigo, incluso en su ausencia.
Justo ahí, en ese hueco del pecho que dolió
tanto... y que ahora es refugio.

Gracias por leer esto. O por sentirlo.
A veces, sólo necesitamos una carta
para recordarnos que estamos vivos.

La caricia inmediata.

Vivimos como si la eternidad tuviera prisa.
Como si cada segundo que no se llena
de euforia fuera un fracaso.
El hedonismo se ha vuelto una bandera
que flamea incluso en días sin viento.
Ya no se busca la alegría: se exige.
Y, si no aparece, se fabrica con cualquier cosa
que huela a escape, aunque solo dure un suspiro
en agotarse.

Nos enseñaron que el placer es lo más noble,
y lo es. Pero también es lo más fácil de confundir.
Porque no todo lo que brilla nos ilumina,
y no todo lo que duele es castigo.
Hay un tipo de alegría silenciosa
que no necesita testigos ni aplausos.
Esa no se vende en vitrinas ni se alquila por likes.

El problema no es el placer.
El problema es el vacío que, a veces, dejamos
que lo sostenga. Porque hay placeres que curan
y otros que apenas tapan.
Hay placeres que te acercan al otro
y otros que solo te alejan de ti.
Y, cuando el goce se vuelve una obligación,
ya no es goce: es rutina con maquillaje.

No se trata de renunciar al deleite,
sino de entenderlo.
De dejar de correr detrás del instante
como si fuera todo lo que hay.
A veces, lo que de verdad vale está quieto,
sin efectos especiales.
A veces, la felicidad tiene la voz baja
y las manos llenas de tiempo.

Te vas a cuestionar mil veces

si hay que dejar de ser buena persona,

si hay que dejar de darlo todo,

si hay que dejar de intentar.

Y vas a seguir siendo buena persona,

porque el otro es el otro y tú eres tú.

Y, al final, son las acciones

las que nos definen.

Siempre.

Cargas silenciosas.

Dedicado a las almas silenciosas
que cargan con lo que no se ve,
a quienes atraviesan tormentas
con una sonrisa prestada,
a los que han entendido que pedir ayuda
también es un acto de valentía.

A todos los que,
en medio del ruido del mundo,
siguen eligiendo la ternura
como forma de resistencia.

Porque en la fragilidad compartida
se esconde la fuerza más humana.
Y porque estar —de verdad—
es una forma de amor que no hace ruido,
pero sostiene.

"Otros han visto lo que es

y se preguntan por qué.

Yo he visto lo que podría ser

y me he preguntado por qué no".

Pablo Picasso.

Rima imperfecta.

Me gustan las palabras que tropiezan,
las que riman a destiempo,
las que se buscan y no se encuentran,
pero insisten de todos modos.

Así es la vida,
una rima imperfecta,
un verso que quiere ser poema
y termina siendo historia.

A ti, madre bonita del alma.

Para nuestras madres del alma,
bonitas del todo,
no por lo que muestran,
sino por la luz que regalan sin pedir nada.

Son la forma más alta de la esperanza,
y su amor, la victoria más silenciosa.

Hoy, más que celebrar, hay que agradecer:
por cada batalla que libraron en silencio,
por cada gesto que sembraron en nuestra alma.

Porque, si algo nos han enseñado,
es que amar es quedarse, dejando su impronta
en nuestra forma de mirar el mundo,
dando sentido a nuestra vida.

Porque lo eterno no es lo que muere,
sino lo que deja huella.

*"El encuentro de dos personalidades

es como cuando entran en contacto

dos sustancias químicas:

si se produce alguna reacción,

ambas son transformadas".*

Carl Gustav Jung.

Ser afortunada.

La suerte es ese viento caprichoso
que sopla sin pedir permiso.
A veces te empuja hacia la orilla,
otras te revuelca en la marea.
Es un dado lanzado en la mesa del mundo.
Nadie la ve venir, nadie la retiene.

En cambio, ser afortunada es otra cosa.
 Es darse cuenta. Es mirar alrededor y decir:
“No te esperaba, pero te tengo”.
Ser afortunada no siempre depende de la suerte.
A veces nace del amor que das,
de los momentos compartidos,
de una risa a tiempo.
Es más suave, más consciente.
Es tener un refugio
y un alma que sepa agradecerlo.

La suerte puede tocarte sin que te enteres.
Pero ser afortunada...
eso se siente en el alma.
Por eso, soy afortunada de tenerte.

Afortunada de tenerte en mi vida.

No porque completes lo que falta,

sino porque haces más liviano lo que pesa.

Gracias por ayudarme a caminar

entre las ruinas del día,

con la esperanza intacta.

No ser.

Quizá eres lo que no puedes no ser,
como si el destino llevara tu nombre,
como esa pausa que no se puede evitar,
como el eco de una verdad
que no necesita gritar.

Si el mundo fuera menos distraído,
quizá también te nombraría.

Pero aquí estás,
en tu modo de ser imposible,
en tu manera de existir irrenunciable.

Y yo, tan inevitable como tú,
escribo para no olvidarlo.

Porque, de algún modo,
también soy lo que no puedo no ser:
un testigo de ti.

"La amistad no se agradece, se corresponde".

Mario Benedetti.

También podría...

También podría devolver el golpe,
desconocer el nombre,
cerrar la puerta antes del adiós,
jugar con los hilos de la mentira
como si la verdad no tuviera peso.

Podría... porque el ser humano
es una criatura dual:
lleva en sí la caricia y la garra,
la palabra que construye
y el silencio que destruye.

Pero he elegido otra cosa,
no por debilidad,
sino por una forma de lucidez.

La madurez, a veces,
es un acto de resistencia silenciosa.

Porque uno ofrece lo que es,
y en eso se revela todo:
la historia que carga,
las batallas que ha ganado
sin hacer ruido.

Hay niveles, sí,
pero no de superioridad,
sino de consciencia.

Y en ese plano,
prefiero quedarme
con quienes saben que herir es fácil,
pero sanar...es de sabios.

Boda.

Hay días en que el amor se vuelve más visible.
Hoy es uno de esos días: una boda, un segundo
hijo por venir, y esa sensación de que el tiempo
—por una vez— se inclina a favor.

Por esas uniones que eligen habitarse,
como quien aprende los silencios del otro
y los convierte en refugio.

Amarse no es fácil.
No lo ha sido nunca.
Y eso es el amor también:
no solo dos, sino lo que entre ellos se construye,
y esa esperanza que no se nombra,
pero que se siente en cada gesto.

Nos alegramos de este nuevo proyecto.
No por protocolo,
sino porque, en un mundo que a veces se rompe,
es hermoso ver algo que se une.
Y que crece.
Y que sigue.
Porque hay amores
que no solo se dicen, se viven.
Y el vuestro, se nota.

"Nel tuo abbraccio ho sentito

il battito del mio destino".

Momentos.

Hay momentos en que me pierdo en mí misma.
No siempre sé qué decir,
ni qué silencio es el más justo.
No siempre tengo respuestas,
ni brújula, ni certezas.

A veces me callo, me canso,
me rompo un poco por dentro
y sonrío con el molde gastado por fuera.
Hay días en que me vuelvo sombra,
en que mis dudas hacen ruido y mis silencios
pesan como promesas incumplidas.

Pero en medio de todo eso,
mi corazón permanece:
sincero, imperfecto, pero leal.
Cuando amo, no negocio.
Cuando entrego, no calculo.
Y aunque hay momentos en que parezco
ausente, hay un yo profundo que
siempre intenta regresar.

Gracias a quienes me abrazan
sin necesidad de entenderme del todo,
a quienes, a pesar de mis grietas,
siguen eligiendo quedarse.

"Yo ya era así antes de que tú llegaras,

caminaba por las mismas calles

y comía las mismas cosas.

Incluso antes de que tú llegaras

yo ya vivía enamorado de ti

y a veces, no pocas,

te extrañaba como si supiera

que me hacías falta".

Julio Cortázar.

Costumbres.

Una se acostumbra a no hacer ruido, a vivir en
automático, como si la vida fuera una habitación
ajena y tuvieras que aprender a caminar de
puntillas para no molestar.

Y entonces, cuando alguien te mira con ternura,
cuando tu nombre ocupa el centro de una frase
amable, te duele un poco el pecho.
No por falta de corazón
—que vamos sobradas—,
sino porque no sabes dónde guardar tanta luz
sin sentirte culpable por encenderla.

Nos enseñaron que ser importante era peligroso,
que destacar traía consecuencias, que era mejor
esconder las alas que volar y que te vean.

Pero también hay una verdad suave,
como el sol que se cuela entre las persianas:
mereces ocupar tu espacio.
Mereces el "feliz cumpleaños",
el "gracias por tu trabajo",
el abrazo sin condiciones ni deudas.

No es pecado ser querida.
No es soberbia recibir amor.
Y no tienes que pagar cada gesto
con una disculpa.

Quizás la infancia nos hizo invisibles,
pero no estamos condenadas a desaparecer.
Seguimos aprendiendo
—aunque duela, aunque tiemble—
que brillar no es una amenaza.
Es, simplemente, existir
sin pedir permiso, ni perdón por SER.

Entrega.

Porque, al final, uno siempre da lo que tiene,
y en cada entrega se descubre
algo propio en su interior.

No se trata de dar poco o demasiado,
sino de dar con verdad, con la certeza
de lo que se ofrece es lo que somos.

Y si alguna vez sientes que el agua se desborda,
que el alma se vacía sin eco,
recuerda que no es el amor lo que agota,
sino el darlo donde no florece.

Que nunca se te olvide:
tu intensidad no es exceso,
es tu manera de existir con plenitud.

Y quien deba estar, estará,
y quien deba irse, se irá,
pero tu esencia,
esa seguirá intacta,
lista para volver a querer.

"Cualquiera puede mirarte.

Pero muy pocas veces encuentras a alguien

que ve el mismo mundo que estás viendo tú".

Green, J. Mil.

Fiel defensora de esa bella locura

que nos mantiene andando

cuando todo nuestro alrededor

es tan insanamente cuerdo.

Cruce de caminos.

Para esos encuentros que desafían la lógica,
como si el tiempo y el azar
conspiraran en secreto.

Para quien no fue un accidente,
sino una respuesta,
una certeza en medio de la incertidumbre.

Para la conexión que trasciende palabras,
explicaciones y fronteras del pensamiento.

Que esta reflexión nos recuerde que hay
vínculos que parecen escritos antes de ser
vividos; que algunas almas se reconocen más
allá de la casualidad;
y que, cuando eso sucede,
el verdadero desafío no es encontrar,
sino cuidar y permanecer.

La prisa.

Aunque el mundo te exija prisa,
recuerda que tu tiempo es sagrado.

Aún no llegas, pero caminas.
Aún no eres, pero te construyes.

Porque en cada intento
y en cada caída
habita la esencia del ser humano:
la capacidad infinita de reinventarse.

No tengas prisa,
pues incluso el tiempo se doblega
ante la voluntad de quien persiste.

Tránsito.

Pase lo que pase y pase quien pase,
recuerda que todo es tránsito.
Las alegrías, los dolores,
los encuentros y las ausencias
son como un río que nunca se detiene,
pero tú sigues siendo el cauce.

No eres lo que pierdes
ni lo que te quitan.
Eres lo que resiste,
lo que aprende,
lo que, aun en la incertidumbre,
sigue buscando su propio rumbo.

Las sombras llegarán, porque así es la vida,
pero también la luz, porque así eres tú.

No te preocupes por quienes se van;
preocúpate por no perderte a ti misma.

Y cuando sientas que el mundo pesa demasiado,
cuando parezca que el destino juega en tu contra,
recuérdalo:
Todo pasa, pero tú permaneces.

" El verbo leer no soporta el imperativo.

Aversión que comparte con otros verbos:

el verbo amar...el verbo soñar...".

Daniel Pennac.

Sin necesidad.

Porque no es el discurso, sino el gesto.
No es la promesa, sino la huella.
No es el ruido, sino la vida misma,
la que enseña sin pedir permiso.

A quienes siembran calma,
a quienes inspiran sin proponérselo,
a quienes simplemente *son*,
sin necesidad de explicarse.

Entre el azar y la decisión,

un hilo invisible nos guía.

Que, sin importar su forma o destino,

siga siendo la fuerza infinita que nos une,

nos transforma y nos trasciende.

Inflexión.

Hay un punto en la vida en el que uno deja
de preguntarse qué sigue
y empieza a preguntarse qué importa.

Descubre, quizá demasiado tarde,
que la prisa era una trampa,
que las certezas eran prestadas
y que el tiempo no espera,
pero tampoco persigue.

Nos pasamos años creyendo que hay un
destino, un sitio exacto donde todo cobrará
sentido, hasta que entendemos que el sentido
no se encuentra: se construye.

Que la felicidad no es un puerto de llegada,
sino la forma en que navegamos.

Y entonces, con menos miedo y más
conciencia, aprendemos a habitar los días,
sin la urgencia de poseerlos.
A dejarnos sorprender.
A SER, sin la ansiedad de ser algo.

Siempre es mucho tiempo.

Siempre es mucho tiempo...
y una no sabe si el eco de su risa
va a durar más que la propia voz.
Ni siquiera está segura de cuánto de sí
se queda en lo que el otro recuerda.
Si puedo elegir, prefiero
que me recuerdes en esencia.
No como fui exactamente,
no con la ropa de un día específico
ni con esa expresión que tal vez ya olvidaste.
Sino como me entendiste,
cuando no hacía falta que dijera nada.

Porque la esencia no se guarda en fotografías,
no se repite, no se cita.
La esencia es eso que se queda
cuando el resto se va.
Eso que se parece más a un suspiro
que a una biografía.
Y porque la memoria también envejece
—también se cansa, también inventa—
yo no quiero ser un dato más entre tantos.

Prefiero ser un destello breve.
Pero tuyo.
Pero nuestro.

Espejos.

Las relaciones humanas son espejos.

Algunos reflejan nuestras inseguridades,
nos desgastan y drenan, como si absorbieran
la luz que llevamos dentro.
Otros, en cambio, se convierten en faros en
la tormenta, fuentes de energía que nos inspiran
a soñar y seguir.

Los que rompen dejan cicatrices,
pero también enseñan la fortaleza
de reconstruirse.
Los que reparan, por su parte, no son
simplemente curanderos, sino artistas de la
empatía que nos ayudan a ver la belleza en
nuestras propias grietas.

Rodearnos de quienes nos elevan,
es un acto de amor propio. Es elegir nutrir
nuestra alma con la luz de la compañía sincera,
y aprender a soltar con gratitud y firmeza
aquello que no suma.

Porque la vida es, al fin y al cabo,
el arte de compartir los días con quienes
se sienten como hogar.

Huellas.

Dicen que nada dura para siempre,
pero hay cosas que se aferran al alma.

No se trata de eternidad,
se trata de cuidado, de memoria,
de esas huellas que,
aunque el tiempo borre las formas,
conservan la esencia.

Lo que cuidas no se desvanece:
vive en el eco de las risas,
en los silencios compartidos,
en los abrazos que sostienen
más allá del tiempo.

Tal vez no podamos retenerlo todo,
pero sí conservar lo que importa.
Y si se queda en el alma,
entonces ya ha durado toda la vida.

Inabarcable.

Si te nombrara con todas
las palabras hermosas del mundo,
aún me quedaría corta.

Porque las palabras son límites,
y tú habitas lo inabarcable.

En ti se encuentra el sentido
que escapa a las definiciones:
la síntesis de lo real y lo posible.

Nombro tu esencia más allá del lenguaje,
porque eres, simplemente,
la pregunta y la respuesta
que trascienden cualquier nombre.

"El optimista ve lo invisible,

siente lo intangible,

y logra lo imposible".

Winston Leonard Spencer Churchill.

Familia elegida.

Aunque no nos veamos
físicamente tan a menudo
por todo el jaleo de la vuelta a la rutina,
sabéis que sois mi familia.

A veces la vida nos roba los minutos,
nos ata con obligaciones.
Pero, aunque los días parezcan más largos y
las noches más cortas, quiero que sepáis
que seguimos estando cerca.
Que, si necesitáis algo, no hace falta
una llamada formal ni un anuncio previo.

Estamos a un paseo en pijama,
a un abrazo de distancia,
a una palabra que lo dice todo: *Aquí.*

Porque la verdadera familia no se mide
en frecuencia, sino en presencia.

Personas.

Me gustan las personas que no temen al vértigo
de vivir, porque esas almas son las que cazan
atardeceres como si atraparan un trozo de
infinito; las que regalan canciones extrañas,
como quien entrega pedacitos de su universo,
y las que, aún con las rodillas temblando,
se lanzan al abismo de los sueños, porque saben
que el miedo jamás será excusa para quedarse
quietas.

Son las que entienden que los pequeños detalles
sostienen los días grandes, las que escuchan no
solo con los oídos, sino con la ternura de quien
de verdad se queda.

Esas personas que no esperan a que las horas
se alineen, ni a que la vida les conceda permiso
para ser felices, porque, incluso en medio del caos,
le sonríen al tiempo como si, al verlas,
la vida se aligerase.

Porque, al final, esas personas son un lugar,
donde quedarse,
donde creer,
donde vivir.

El presente.

El presente, ese rincón donde el alma
se acomoda sin prisas,
se va tejiendo con hilos de elecciones.

No siempre es fácil soltar lo que alguna vez
nos hizo bien, pero qué alivio descubrir
que no toda compañía significa abrigo,
que la soledad bien elegida pesa menos
que la presencia equivocada.

Me gusta esta versión de mí que aprende a
quedarse solo con lo necesario, con quienes
saben sumar sin pedir, a cambio, que me reste.

Porque la vida se vuelve más ligera cuando
dejamos ir lo que nos ancla y nos rodeamos
de quienes celebran nuestra existencia,
no sólo la toleran.

Quizá la paz no sea más que eso:
sabernos en el lugar correcto,
con la gente precisa, siendo la versión más
honesta de nosotras mismas.

Despedidas.

Hay lealtades que no hacen ruido,
que se guardan en la dignidad
de quien se va sin portazos,
sin discursos dramáticos,
solo con la certeza de que quedarse
sería traicionarse a uno mismo.

Porque, a veces, la mejor despedida
es el silencio,
y el mayor acto de amor propio,
marcharse con calma.

Como dice el corazón

en su lenguaje discreto,

la esencia no se sustituye;

se vive, se comparte y,

en esa entrega, se vuelve eterna.

Ecos.

El problema es que, a veces,
nos empeñamos en regalar poesía
a quienes solo leen titulares,
en construir puentes
donde solo hay un cruce de caminos.

Pero, como todo,
lo verdaderamente importante,
se necesita un alma que lo entienda,
un latido que lo corresponda.

De lo contrario, no es más que un eco
desperdiciado en un desierto ajeno.

Días difíciles.

En estos días difíciles, en los que el mundo
parece encogerse y el alma se siente frágil,
no olvides que la esperanza es testaruda,
que el amor es un refugio y que, aun en la
tormenta, hay abrazos que sostienen.

No estás sola.
Aquí estamos: para sostenerte cuando sientas
que el peso es demasiado,
para recordarte que la vida
también tiene pausas, pero nunca deja de latir.

Tu fuerza es inmensa,
aunque a veces dudes de ella.
Y tu corazón, con todo el amor que guarda,
será siempre un faro para quienes quieres.

Ánimo,
todo pasa.
Habrá días más claros.
Y, cuando lleguen,
verás que nunca caminaste sola.

Equilibrio.

La vida tiene su propio equilibrio.

Lo que es tuyo...
Se queda.

Lo que duele
al forzarlo...
Te rompe.

Lo que se va,
susurra
y enseña a soltar.

Lo verdadero
fluye...

Te sostiene. No necesita reflejos para existir,
porque la belleza no se mira:
simplemente es.

Compañera de alma.

Una compañera de alma es alguien que trasciende la superficie de las relaciones comunes.

No es simplemente una amiga, una socia o una confidente; es una conexión profunda y genuina que va más allá de las palabras y los actos cotidianos.
Con ella, compartes una sintonía especial que parece unir dos corazones en una sola vibración.

La relación se basa en una comprensión intuitiva, en la empatía sin límites y en un apoyo incondicional que perdura a pesar de las circunstancias.

Esta conexión no se construye con el tiempo, sino que parece surgir de una afinidad preexistente, como si ambas se hubieran encontrado tras recorrer un largo camino en busca de la misma verdad interior.

Es en los momentos de silencio compartido, en las risas espontáneas y en los desafíos enfrentados juntas donde se revela la verdadera esencia de esta relación.

Una compañera de alma te desafía a ser tu mejor
versión, te ofrece un refugio seguro en tiempos
de tormenta y celebra tus triunfos como si fueran
propios.

La relación con ella es un recordatorio constante
de que la verdadera conexión humana es una
danza de autenticidad y profundidad, donde
el entendimiento mutuo y el amor incondicional
crean un vínculo que, aunque a veces difícil
de expresar, se siente en el núcleo más íntimo
de nuestro ser.

Te amo.

"Te amo sin saber cómo,
ni cuándo, ni de dónde,
te amo directamente,
sin problemas ni orgullo;
así te amo porque
no sé amar de otra manera."

Soneto XVII, Pablo Neruda.

Y sí, así debería ser:
profundo en su simplicidad,
puro e instintivo.

Amar sin expectativas,
sin la necesidad de entender o analizar,
dejando atrás el "por qué" y el "cómo",
rindiéndose completamente al hecho de
sentir.

¡Si nada nos salva de la muerte,
al menos que el amor nos salve de la vida!
Grande Neruda.

"Andábamos sin buscarnos pero sabiendo

que andábamos para encontrarnos".

J. Cortázar.

"El tiempo se consume,

pero cada momento es eterno

para quien sabe apreciarlo".

FAUSTO.

Ya no eres la misma.

A ti, que ya no eres la misma, porque el tiempo
no solo te pasó por encima,
te atravesó.

De cada golpe hiciste una lección,
y de cada tropiezo, un paso nuevo.

Hoy estás en una posición más ventajosa,
no porque el mundo haya cambiado sus reglas,
sino porque aprendiste a jugar con las tuyas.

Más sabia, porque entendiste que no todo
se puede, pero que lo esencial siempre merece
el intento. Más realista, porque aprendiste a
distinguir entre lo que pesa y lo que vale.
Y más valiente, porque, incluso con dudas,
sigues avanzando.

Ser tú, después de todo,
es tu mayor victoria.
Ya no eres la de antes,
y eso no es derrota,
es crecimiento.

Porque todo lo que has sido
te ha traído hasta aquí.

*"La sociedad del rendimiento
está poblada por sujetos que se explotan
a sí mismos creyendo
que se están realizando".*

Byung-Chul Han.

Orgullosa.

Deberías estar orgullosa de ti,
porque cada día,
a pesar de las dificultades,
las inseguridades,
las crisis, los bajones, los malos momentos,
la gente que no aporta y todo lo demás,
sigues adelante y luchas por tus sueños.

Te levantas, te arreglas,
llegas al trabajo y brillas,
contagiando a los demás con tu energía.
Eres inteligente e independiente;
no te callas, no te apagas, no te dejas vencer.

Deberías estar orgullosa de ti, porque,
incluso cuando todo parece estar en contra,
cada día demuestras que eres increíble.

"Nadie puede hacerte sentir inferior

sin tu consentimiento".

Eleanor Roosevelt.

Ejemplo.

Eres como tratas a tu madre,
como tratas a los desconocidos,
eres la sonrisa que le regalas a un extraño,
la promesa que cumples,
el "yo te ayudo",
el "discúlpame si te hice daño".

Eres lo que eres cuando nadie te ve.
No eres nada de lo que tienes;
eres todo lo que das.

Eres ese impacto positivo
que dejamos en los demás.

"Queda prohibido no sonreír

a los problemas,

no luchar por lo que quieres,

abandonarlo todo por miedo,

no convertir en realidad tus sueños".

Pablo Neruda.

Lo has entendido.

Porque has decidido sanar sin rencores,
porque eliges la paz sobre la venganza,
porque entiendes que el verdadero amor
propio es aceptar y seguir adelante
sin mirar atrás.

Porque no necesitas aferrarte
ni buscar refugio inmediato.
Porque confías en tu capacidad de sanar.
Porque te sostienes con dignidad y valentía.

¡Felicidades!, porque lo has entendido todo:
el amor más importante
es el que te das a ti misma
y la sanación más profunda
viene de esa paz interior
que solo tú puedes encontrar.

Homenaje.

No queremos ser salvadas
ni protagonistas de cuentos de hadas.

Somos valientes,
salimos cada mañana a comernos el mundo
y solo pedimos autenticidad.

Nuestros moldes se rompieron
y no encajaremos en ninguno más.
Conocemos nuestra esencia,
nuestras fortalezas
y nuestras luchas.

Somos símbolo de libertad,
valentía y pasión.
Sin buscar validación externa,
trazamos nuestro propio camino.

Reconozcamos la poesía que surge
al admirar esa lucha diaria que mezcla
determinación con sueños,
donde la valentía no significa ausencia
de miedo, sino afrontarlo con coraje.

"¿Qué es poesía?, dices mientras clavas

en mi pupila tu pupila azul.

¿Qué es poesía? ¿Y tú me lo preguntas?

Poesía... eres tú".

Gustavo Adolfo Bécquer.

La calma.

Mañana es un día especial,
en medio de toda la emoción y los nervios,
recuerda la calma: respira profundo,
confía en el camino que has recorrido
y abraza todo lo que sientes.

Cada paso que das está lleno de significado,
cada momento está diseñado para ser único.
Tómate un instante para detenerte,
mirar a tu alrededor
y disfrutar de lo que has construido.

La calma no es ausencia de emociones,
sino el equilibrio que te permite
vivir plenamente cada instante.

Que la serenidad sea tu compañera,
que la alegría sea tu guía
y que mañana sea el inicio
de algo aún más hermoso:
la celebración de dos almas bellas.

Olvidar.

En italiano hay dos formas de olvidar:
dimenticare, que significa sacar de la mente,
y *scordare*, que implica sacar del corazón.

Qué gran diferencia
hay entre una cosa y otra,
y cuánta falta hace, a veces,
saber diferenciarlas.

Hay cosas que el tiempo ayuda
a borrar de la memoria,
como si fueran palabras escritas en la arena.
Pero hay otras, aquellas que tocan el alma,
que no se pueden olvidar, aunque se intente.
Permanecen porque no deben olvidarse,
porque hay recuerdos
que no pertenecen a la mente,
sino al latido mismo de la vida.

Teoría del caos.

A la teoría del caos,
por enseñarnos que hasta
el más mínimo aleteo
puede transformar el mundo,
que en la complejidad
reside el equilibrio,
y que del aparente desorden
surge la magia de lo inesperado.

"Una mariposa, aunque aparentemente frágil, desafía las tormentas".

Empatía no es espejo.

A veces creemos que empatía
es ponerse en los zapatos del otro.
Pero no, no basta con calzarlos
si no sabes el camino que han andado.

Empatía no es decir:
"yo en tu lugar haría tal cosa".
Es saber que tú no estás en su lugar.
Que su miedo no tiene tu forma,
que su historia no cabe en tus palabras,
y que su silencio no necesita tu consejo,
sino tu abrazo.

No es sentir por el otro,
es sentir *con* el otro.
Sin juicio, sin prisa,
sin convertir su dolor
en una anécdota tuya.

Porque al final, ser empático
es entender que el alma ajena
no se traduce,
se escucha.

"Nos pasa que no sabemos lo que nos pasa,

y eso es precisamente lo que nos pasa".

—José Ortega y Gasset.

"Hemos aprendido a hablar sin palabras,

a entendernos con solo mirarnos,

Y en ese pacto secreto,

Yo soy un poco tú,

Y tú un poco yo".

Explicaciones.

Dejé de dar explicaciones...
el día que entendí,
que no todos oyen con los mismos oídos,
ni sienten con el mismo pecho,
ni piensan con la misma herida.

Me cansé de traducirme,
para quienes no hablan el idioma del alma,
de justificar silencios a quien solo escucha ruidos,
de explicar tormentas a quien nunca se ha mojado.

Y no fue soberbia, fue paz.
Fue entender que cada quien entiende,
desde donde puede,
desde donde le alcanza la vida,
o el miedo,
o el pasado.

Así que ya no insisto.
El que quiera entender, que escuche.
El que no, que invente su versión.
Yo ya me cansé de explicar,
lo que solo se siente.

Arco Iris.

Los arco iris no se buscan.
Aparecen.
Después del ruido,
de la tormenta,
del cansancio.
No avisan ni piden permiso.
Simplemente están.

Llegan cuando ya no se espera nada brillante,
cuando se piensa que el monocromo es para
siempre, cuando solo se quieren cerrar los ojos
y dormir un rato al mundo.

Pero entonces sucede.
Alguien aparece.
No como un premio, sino como un gesto.
Una señal de que, a pesar de todo,
todavía hay belleza.
Todavía hay color.

Y se entiende —sin grandes explicaciones—
que hay presencias que no curan la tormenta,
pero hacen que valga la pena haberla
atravesado.

"*Y aunque viviera tres vidas,*

y en cada una aprendiera a olvidarte,

igual volvería al primer segundo

en que tu nombre fue refugio".

El arte de parecer quieto.

Por fuera es calma.
Una figura que no se altera,
una respiración que no delata.
Pero por dentro...
Es un océano de pensamientos
que no descansan.

Aprendió que la superficie engaña,
que la quietud no siempre es paz,
y que muchas veces, el alma grita en silencio
para no romper el orden del mundo.

Reflexiona, duda, se contradice.
Navega preguntas sin mapa.

No todos saben nadar ahí.
Muchos temen el abismo que hay
en la profundidad de uno mismo.
Porque el que se atreve a mirar hacia dentro,
ya no puede vivir como antes.

Quizás por eso se esconde detrás de la calma,
como quien protege un fuego con las manos.
Porque lo esencial, siempre arde en lo invisible.

Lo que no se puede decir se escribe.

Hay palabras que se ahogan en la garganta,
como si el silencio fuera un mar demasiado profundo.
Entonces, una escribe.
No por valentía, sino por necesidad.
Porque hay dolores que no saben hablar,
pero saben deletrearse en una hoja en blanco.

Una escribe lo que no se atreve a gritar,
lo que no cabe en un café,
lo que no entiende ni una misma,
pero que necesita salir,
antes de que se anide en el pecho.
Escribir es una forma de no rendirse,
de armarse con tinta cuando ya no quedan abrazos,
de decir "aquí estoy";
aunque nadie escuche,
aunque nadie lea.

Y en esas líneas torpes,
en esas metáforas a medio camino,
a veces una se encuentra.
A veces, incluso, se salva.

Porque, al final,
lo que no se puede decir... se escribe.
Y eso también es una forma de hablar.

El cuerpo también recuerda.

A veces, creemos que pensarlo todo,
es entenderlo todo.
Pero el cuerpo tiene su propio idioma,
sus propias nostalgias.

Recuerda lo que la mente quiso olvidar,
guarda abrazos que no dimos
y lágrimas que no se atrevieron a caer.

La conciencia somática es eso:
un modo suave de decirle al cuerpo:
"te veo",
"te escucho",
"ya no tengo prisa".

Es dejar de correr detrás de uno mismo,
sentarse un rato en la piel, y preguntarle
a los hombros por qué están tan cansados.

Es hacer las paces con el pecho,
negociar con las rodillas,
bailar aunque nadie mire.

Porque al final, el cuerpo no miente.
Tiembla cuando algo duele,
salta cuando algo alegra,
y se encoge cuando algo asusta.

Y si lo escuchamos,
no con la cabeza, sino con el alma,
quizás descubramos
que también él quiere sanar,
que también él quiere volver a casa.
Y que casa somos nosotros,
cuando por fin nos habitamos.

Mientras Estemos.

Gracias por habitar mi tiempo.
Por quedarte, en los detalles,
en los silencios, en las pequeñas cosas
que casi nadie nota.
Gracias por estar a mi lado,
mientras la vida ocurre.
Porque la vida no siempre avisa,
a veces simplemente se desborda.
Por alguna razón que no necesita lógica,
las dos sentimos que este instante vale la pena.
No hay un porqué claro.
Solo el alivio de coincidir, de sabernos cerca
sin pedir permiso al mundo.

Y mientras dure,
mientras estemos,
que sea real.
Que no finjamos,
que no tengamos miedo a ser.
Que sea humano,
con esa honestidad que no necesita adornos.
Que sea así.
Así de simple.
Así de nuestro.
Infinitamente valioso.

Soy la que me acompaña.

No soy yo misma.
O al menos no del todo.
A veces siento que soy una versión en borrador,
una mujer que me observa desde el reflejo,
y me sigue los pasos con algo de duda,
y algo de ternura.

Ella camina a mi lado.
No dice mucho, pero siente conmigo.
No siempre entiende mis decisiones,
pero jamás me abandona.
Es la que se quedó cuando quise huir,
la que se levantó cuando no podía,
la que lloró cuando yo no me lo permitía.

Soy, quizás, una suma de ausencias,
y ella es la que las recoge con cuidado,
como quien recoge trozos de un jarrón roto
sin culpar al viento.
A veces me da miedo volverme solo eso:
una acompañante de mí misma,
una sombra que se consuela con existir.
Pero entonces ella, la que me acompaña,
me toma de la mano,
y me recuerda que no estoy sola,
ni siquiera cuando no soy yo.

Alma (Im)perfecta.

No, no eres un alma imperfecta.
El mundo, a veces torpe,
quiere convencernos que lo somos,
por sentir demasiado,
por cuidar más de la cuenta,
por no endurecernos.
Pero yo te miro, y lo sé.
Sé que hay almas que no vinieron a encajar,
sino a encender.

Creas cosas que no se tocan,
pero que se sienten:
una idea que cambia el día de alguien,
una palabra que evita una caída,
un silencio que acompaña sin juzgar.

Inspiras sin saberlo.
Eres como esas flores que no se miran al espejo
para confirmar su belleza:
simplemente florecen.
Y en ese florecer, algo en los otros se ablanda,
se entiende, se perdona.

Cuidas como quien ha aprendido
que amar no es poseer, sino sostener.
Y eso es tan raro,
tan valioso,
tan tuyo.

No eres una mitad.
No eres la falta de algo.
Eres una presencia entera.
Una belleza que no responde a normas,
porque nace desde el alma,
desde ese lugar donde la verdad
no necesita ruido para ser cierta.

Y en medio de todo eso, estás tú.
Mi compañera de alma.
No porque nos falte algo,
sino porque, juntas,
recordamos lo que ya somos.

Belleza pura.
Bonita del todo.
Luz sin alarde.

Porque eres de esas personas

que el mundo agradece tener,

aunque no siempre sepa cómo decírtelo.

Te queremos, como siempre...

pero hoy, un poquito más.

Que digan su nombre.

No todo hay que nombrarlo al instante,
ni fijarlo con palabras de juicio o de miedo.
Hay cosas que pasan como el viento,
y regresan, sin avisar.

Que pasen las horas, los gestos, los rostros,
que hable el silencio y descanse el intento.
No todo necesita un título o una forma:
hay verdades que existen sin dueño.

He visto tormentas caer sin rabia
y soles nacer donde nadie miraba.
A veces la vida se toma su tiempo
y hace que el sentido camine a tu lado.

Por eso, no corro, no fuerzo, no llamo,
dejo que el río me lleve sin nombre.
Y si algo merece quedarse conmigo,
vendrá sin ruido...y dirá su nombre.

¿Jugamos?.

Solo un niño puede mirar el caos y decir:
vamos a inventar un juego.

Y no es ingenuidad, es coraje.
Es tener el alma tan limpia
que ni el miedo la ensucia.
Es atreverse a ponerle alas a las ruinas
y sonrisas a lo que duele.

Qué juego, ¿no?
El de vivir sin deber,
como si la vida no fuera un examen,
sino un recreo.
El de reír sin permiso,
como si nadie pudiera prohibir la alegría.
El de ser sin explicarse todo el tiempo,
porque hay cosas que no se justifican, se sienten.

Y ahí está el milagro:
entre tanto caos, tanto ruido,
tanto adulto asustado,
el niño juega.

Y al jugar, inventa un mundo
que todavía vale la pena.

"La memoria no es lo que recordamos,

sino lo que nos recuerda.

La memoria es un presente

que nunca acaba de pasar".

Octavio Paz.

Eres el sitio de siempre.

A veces me pregunto si, en verdad, hay lugares,
o si todo lo que importa son presencias.
Presencias que nos habitan,
aunque no estén.

Eres el sitio de siempre.
No porque seas el mismo,
sino porque, cada vez que me pierdo,
es allí donde me encuentro.

Eres el sitio de siempre.
Y no importa si hoy estoy lejos,
si hay ruido, o si dudo.
Siempre termino volviendo.
No a un espacio,
sino a ti.
O quizás a mí,
cuando estoy contigo.

A veces creo que no eres un lugar,
sino un estado del alma:
esa paz que no hace alarde,
pero que uno reconoce cuando la encuentra,
como quien se halla sin buscarse.

Eres el sitio de siempre.
No porque no cambies,
sino porque, incluso cambiando,
sigues siendo el hogar donde mi silencio
se siente entendido.

Comprensión.

"No puedo comprender cómo alguien
es capaz de hacer eso",
dices con desconcierto,
como si el mundo se hubiera desviado de su eje.

Y está bien que no lo comprendas.
Porque comprenderlo sería aceptar
que eso también podría habitarte.
Y hay cosas que, por suerte,
no te pertenecen.

No entender la maldad
es una forma de conservar la luz.
No entender la injusticia
es un síntoma de conciencia intacta.

Hay actos que no merecen ser entendidos,
porque nacen de vacíos que tú no tienes,
de heridas que tú no infliges,
de valores que tú no negocias.

A veces, el no comprender es una defensa
del alma frente al cinismo.

La empatía no siempre tiene que abarcarlo todo.
Hay lugares donde el pensamiento
no debe instalarse,
porque en comprender demasiado,
uno corre el riesgo de justificarse.

Así que sí, no comprendas.
Conserva ese asombro.
Porque es lo más profundamente humano
que puedes hacer.

Pienso, luego exijo.

Pienso, y al pensar surge la exigencia.
El pensamiento, en su afán de claridad,
reclama siempre más:
más precisión, más certeza,
más fundamento.

Pero la exigencia, cuando se vuelve
contra mí, deja de ser camino
y se convierte en frontera.
Me exijo hasta tal punto
que el pensamiento, acosado,
se repliega y se extingue.

Así descubro la paradoja:
pensar para exigirme,
y exigirme hasta dejar de pensar.

Tal vez la libertad del pensamiento
no nazca de la exigencia,
sino del permiso:
pensar sin deber,
buscar sin miedo,
errar sin condena.

Aquí seguimos.

Y sin embargo, aquí estamos.
Aquí seguimos.

Caminando como se puede,
remendando las grietas
con hilos invisibles,
apostando por amaneceres
que todavía no sabemos si vendrán.

No necesitamos tener
todas las respuestas:
basta con que sigamos intentándolo,
basta con que consigamos
mantener nuestra propia luz.

Kissy Alejandra Díaz Osorio es una profesional dedicada al estudio y fortalecimiento del ámbito educativo desde una perspectiva sociológica. Su formación inicial se centra en las áreas de sociología y educación, lo que ha orientado su trayectoria hacia la comprensión de los procesos formativos y su impacto en la construcción social.

Ha colaborado en diversas publicaciones y proyectos académicos relacionados con al educación, los valores y la familia, contribuyendo con análisis rigurosos que buscan promover entornos educativos más inclusivos y humanizados.

En su marco teórico destaca la convicción de que del conocimiento propio y la adecuada canalización de los sentimientos constituyen factores determinantes para una convivencia social armónica y sostenible.

Posee un Master en Formación al Profesorado y otro en Derecho Europeo, competencias que complementa actualmente con su labor investigadora como doctoranda en educación. Su trabajo académico se caracteriza por un firme compromiso con la mejora de la calidad educativa y el desarrollo integral de las comunidades escolares.